Ce livre appartient à :

....

W0472553

Kootoobi
Jeunesse

229 rue Saint-Honoré

75001 Paris

www.kootoobi-jeunesse.fr

ISBN : 978-2-9586357-0-1

Dépôt légal : novembre 2022

Imprimé en Espagne - décembre 2022

Loi n°49-956 du 16 juillet 1949 sur les publications destinées à la jeunesse

Tous droits réservés pour tous les pays.

Il est strictement interdit, sauf accord préalable et écrit de l'éditeur, de reproduire (notamment par photocopie ou numérisation) partiellement ou totalement le présent ouvrage, de le stocker dans une banque de données ou de le communiquer au public, sous quelque forme et de quelque manière que ce soit.

Lina

Mon anniversaire

Texte de Nawale Rzk

Illustrations de Natalya Tariq

Aujourd'hui, c'est un jour spécial pour Lina !
Sa maman lui prépare une fête mémorable pour son anniversaire avec l'aide de toute la famille.

Au programme : chasse aux trésors, atelier créatif et dégustation d'un délicieux goûter devant un film !

Bonne fête

Lina se réveille tôt et descend précipitamment les escaliers.

— Maman, maman ! C'est mon anniversaire aujourd'hui ! Tu n'aurais quand même pas oublié ? Je dois absolument trouver ma tenue, ma coiffure et vérifier que tout est en place pour l'événement le plus important de l'année ! s'exclame Lina.

— Calme-toi, Lina. Tu ne trouves pas que tu exagères ? Personne ne peut oublier ton anniversaire, tu nous le rappelles tout au long de l'année ! répond maman en souriant.

Pendant que Lina se change, sa maman s'occupe des préparatifs avec Adam, le petit frère de Lina.

Maman découpe les fraises, Adam trempe les boudoirs dans le sirop et la charlotte aux fraises est bientôt prête ! Miam ! C'est le gâteau préféré des enfants.

— Je peux goûter ? demande Adam avec insistance.

— Surtout pas, dit maman, il faut attendre les invités. Tu pourras en manger quand tout le monde sera là, un peu de patience !

Les invités vont bientôt arriver. Lina est prête, elle a choisi un pantalon et une blouse pour sa tenue. Un serre-tête habille sa chevelure.

— Ça y est, je suis prête ! se réjouit Lina.

Ballons, friandises, projecteur, tout est prêt pour faire la fête !

— Le jardin est magnifique ! Merci, maman, papa et Adam, pour tous vos efforts, je sens qu'on va bien s'amuser !

Ding dong ! Les amis de Lina sont arrivés, tout le monde est là.

— Joyeux anniversaire, Lina ! s'écrient-ils en chœur.

Maman débarrasse les enfants et les invite à rejoindre le papa de Lina pour commencer la chasse aux trésors.
L'ouverture des cadeaux se fera lors du goûter.

— Que la fête commence ! déclarent Lina et Adam.

La chasse aux trésors démarre. Le papa de Lina lit l'histoire de départ. Les enfants l'écoutent très attentivement pour trouver les trésors au plus vite.

— Les énigmes deviendront de plus en plus difficiles au fil du jeu, bonne chance à vous ! dit papa.

— Première énigme ! Je suis grand et imposant. Je possède des racines et j'ai besoin d'eau pour vivre, qui suis-je ? demande Lina.

— Moi, moi, moi, je sais, un arbre ! répond Chloé.

— Bravo ! Il y a un premier trésor derrière l'arbre !

— Pour la prochaine énigme, c'est moi qui trouverai la réponse...chuchote Nathan.

Maintenant, c'est l'heure de l'atelier créatif. Les enfants vont fabriquer des origamis et des bougies colorées qu'ils pourront rapporter à la maison.

— Je commence par les origamis, s'exclame Demba.

— Moi, par les bougies, ajoute Nayla.

— Et moi, par manger tous les bonbons, j'ai besoin de force pour fabriquer tout ça, s'écrie Adam avec bonheur, la bouche pleine ! Tout le monde rit.

Mais soudain... BOUM !

Un bruit retentit dans la cuisine. Alors que Maman sortait le gâteau du réfrigérateur, Flocon, le chat, a sauté et renversé l'assiette.

Lina arrive à toute allure.

ACHETER:
-lait
-pommes
-pain (x2)

ACHETER:
-lait
-pommes
-pain (x2)

— Oh non ! Mon gâteau, il est tout écrasé ! Qu'allons-nous manger maintenant ? Je ne pourrai même plus souffler mes bougies. Tout avait pourtant si bien commencé ! sanglote Lina.

Chloé, Nathan, Nayla
et les autres enfants
se précipitent auprès
de Lina pour la consoler.

— Tu sais, les accidents,
ça arrive et même
dans les bons moments,
la rassure Chloé.
— Mais, moi aussi je suis
triste, c'est mon gâteau
préféré, bougonne Adam.

ACHETER:
-LAIT
-POMMES
-PAIN (x2)

Tout à coup, une voix résonne dans la pièce.

— Surprise !! Nous sommes là, s'écrie mamie tenant un gâteau dans les mains.
— Mamie, papi, oncle Amine, tante Sarah, vous êtes là ?? s'étonne Lina soulagée.

— Nous avons réussi à nous libérer et comme nous sommes nombreux, j'ai préparé une énorme charlotte aux fraises ! Et même des cornes de gazelle et des makrouts, les pâtisseries préférées de Flocon !

Les enfants sautent et crient de joie ! Hourra !

Place à la dégustation du gâteau à présent. Mamie chante en apportant le gâteau :

— Joyeux anniversaire...
— Allez, Lina, ferme les yeux et souffle tes bougies ! disent maman et papa.

Lina, très émue, ouvre ses cadeaux, puis enlace ses amis et toute sa famille.
Tout le monde est heureux et s'installe devant un film.

La nuit commence à tomber, les amis de Lina sont rentrés chez eux.

— Quelle journée magique ! déclare Lina.

— Oui, c'est vrai, mais maintenant, il est tard et c'est l'heure de se coucher. Je suis épuisée... répond maman.

— Au fait, maman, dis-moi, tu connais les non-anniversaires ?

— Les non-anniversaires ??

— Oui, oui, c'est très connu, je t'expliquerai demain, car ils sont importants eux aussi, tu sais ! conclut Lina d'un air malicieux...

CONTES

Teste tes connaissances avec le QUIZ en ligne

sur www.kootoobi-jeunesse.fr !

Une vidéo avec tous les mots difficiles de l'histoire

t'attend sur ma chaine YouTube !

À bientôt !